D1661935

NOEL-Verlag

Birgit Bulau-Gust

Trixi

Ein amüsantes Yorkie-Hündchen
mit heilender Wirkung

Eine wahre Geschichte
aus der Sicht des Hundes

NOEL-Verlag

Originalausgabe
Mai 2011

NOEL-Verlag
Hans-Stephan Link
Achstraße 28
D-82386 Oberhausen/Oberbayern

www.noel-verlag.net
info@noel-verlag.de

Die Deutsche Bibliothek verzeichnet diese Publikation in der Deutschen Nationalbibliografie, Frankfurt; ebenso in der Bayerischen Staatsbibliothek in München.
Das Werk, einschließlich aller Abbildungen, ist urheberrechtlich geschützt. Jede Verwertung außerhalb der Grenzen des Urheberrechtschutzgesetzes ist ohne Zustimmung des Verlages und der Autorin unzulässig und strafbar.
Das gilt besonders für Vervielfältigungen, Übersetzungen, Mikroverfilmungen und die Einspeicherung und Bearbeitung in elektronischen Systemen.
Die Autorin übernimmt die Verantwortung für den Inhalt des Werkes.
Sämtliche im Werk verwendete Namen sind frei erfunden.
Ähnlichkeiten mit lebenden Personen sind rein zufällig.

Autorin: Dr. Birgit Bulau-Gust
Buchumschlaggestaltung: Wolfgang Gust + Gabriele Benz

1. Auflage
Printed in Germany
ISBN 978-3-942802-09-3

Dieses Buch widme ich meinem lieben Mann,
der während meiner Depressionen
viel Verständnis zeigte
und mir stets liebevoll zur Seite stand.

Ein Hund verbessert

die Lebensqualität des Menschen.

DR. MED. MOUNIR FAOUAL

Ein Freund des Hauses

So sieht mich Mama zum ersten Mal – neun Wochen alt.

KAPITEL EINS

So fing alles an

Ich bin *Trixi*, eine kleine Yorkshire-Terrier-Lady.
Geboren wurde ich am 19. März 2010 (Sternzeichen
Fische) bei einem Hundezüchter in Pfaffenhofen.
Mein Geburtshelfer war ein sehr lieber Mann. Er hat
mich gleich in den Arm genommen und gestreichelt.
Ich war ja so klein und zart – halt die Zweitgeburt.
Mein Bruder, der Erstgeborene, war doppelt so groß
und stark und ich hingegen klein, aber oho!

Ich wurde feierlich auf den Namen *Thea of the Old
Village* getauft. Ja, ich bin von altem Geschlecht mit
Stammbaum und so ...

(Diesen Namen fanden jedoch meine späteren Pflege-
eltern furchtbar, erinnert er doch an die Frau eines
allbekannten Mannes, die immer so aufgedonnert da-
herkommt.)

Neuneinhalb Wochen blieb ich in Pfaffenhofen, um-
sorgt von meinem Rudel, bestehend aus Mama, Tan-
ten, Onkeln und meinem Bruder. Meinen Papa habe
ich nie gesehen, denn er gehört einer Dame in einer
anderen Stadt. Aber auch ohne Papa war es eine
schöne sorgenlose Zeit.

Gib dem Menschen einen Hund

und seine Seele wird gesund!

HILDEGARD VON BINGEN

Alle hatten mich lieb, denn ich war ja — wie gesagt — so zart und klein.
Nur mein großer Bruder ärgerte mich manchmal, aber ich zeigte es ihm und biss ihm ins Bein, bis er heulte.

Eines Tages hieß es dann: Wir müssen unser Heim verlassen. Mama hatte keine Milch mehr, und Platz sei auch keiner vorhanden.

Mein Bruder *Tommy* fand sofort eine nette Pflegemutter. Er war ja schließlich ein Rüde — groß, stark und von sich überzeugt. Ich, die Kleine, blieb zurück. Ob mich wohl niemand mag?

Kurz vor Pfingsten kam eine nette Dame mit einem kleinen Jungen, um die Hundezucht zu besichtigen. Sie erblickte mich, wie ich alleine in einer Ecke lag, hob mich auf und drückte mich an ihre Brust.
Ich spürte gleich, diese Frau mag mich. Sie roch gut, und ich fühlte mich in ihrer Warmherzigkeit geborgen. Ich freute mich sehr und hoffte, dass sie meine neue Mama wird. Sie versprach, mit ihrem Mann zu reden und mich dann abzuholen.

Aber so einfach war die Angelegenheit nicht, denn ihr Mann wollte kein Hundi. Also wurde alles abgeblasen. Ich war sehr, sehr traurig, denn ich mochte diese Frau. Aber am nächsten Tag entschied sich ihr Mann, der Herr Professor, doch anders, weil er seine Frau nicht traurig sehen konnte.

Mama holt mich vom Züchter ab.

Daraufhin wurde ich am Pfingstsonntag von meiner neuen Mama und dem kleinen Jungen *Vlad,* den ich schon kannte, abgeholt.

Ich verabschiedete mich kurz von meinem Rudel und war neugierig, was auf mich zukommt.
Ich durfte sogar auf dem Schoß meiner neuen Mama sitzen und war sehr brav (musste ja einen guten Eindruck machen).
Während der Fahrt kamen mir so viele Gedanken:
Wohin bringt man mich?
Wird es mir gefallen?
Werde ich nicht große Sehnsucht haben?

Aber ich hatte schon mitbekommen, dass ich irgendwann im Urlaub wieder zurück zu meinem Rudel in Pension käme.

Also ein Lichtblick!

Kein Psychiater der Welt kann

es mit einem kleinen Hund

aufnehmen, der einem das

Gesicht leckt.

UNBEKANNT

KAPITEL ZWEI

Mein neues Zuhause

Nach einer halben Stunde kamen wir ans Ziel.
Ich traute meinen Äuglein nicht: Vor mir stand ein großes weißes Haus, zweigeschossig, umgeben von einem wunderschönen Garten mit Teich und vielen Blumen. Ein Paradies für mich!
Im Haus gab es große Räume: sehr hell, überall glänzender Granitboden und schöne Seidenteppiche. Diese fühlten sich so kuschelig an, dass ich gleich meine Duftnote darauf setzte. Zuerst erschrak ich, dann guckte ich ganz betroffen drein, man wird mir wohl verzeihen.
Mittlerweile habe ich zum Leidwesen von Mama schon alle schönen Teppiche markiert. Sobald ich aber ganz stubenrein bin, werden sie gereinigt.

Und dann kam der neue Papa.
Ich hatte gehörigen Respekt vor ihm, besonders weil er mich ja eigentlich nicht wollte.
Ich war erstaunt, es war ein netter Mann mit grauen Haaren und sehr freundlichen Augen. Er nahm mich gleich in den Arm, drückte mich an sich und sagte: „Das ist nun unsere liebe kleine *Trixi*".

So fühle ich mich geborgen.

Ich fühlte, ich bin angekommen in meinem neuen Zuhause, umgeben von Liebe, Fürsorge und Warmherzigkeit. Was für ein Glück ich hatte! Ich nahm mir fest vor, meinen neuen Eltern viel Freude zu bereiten.

Nun wurde ich auch gleich ganz offiziell (mit Hundemarke, Versicherung und Steuermarke) umgetauft in *Prinzessin Trixi von Bulau zu Gust.*
Klingt schön und vornehm. Jetzt muss ich mich richtig anstrengen, diesem Namen gerecht zu werden.

Ich habe schon bemerkt, Mama legt viel Wert auf gute Manieren – nicht betteln, nicht im großen Bett schlafen, Teppiche verschonen und Schuhe nicht annagen.

Vor der ersten Nacht in meinem neuen Heim hatte ich Angst. Werde ich weinen, frieren, einsam sein? Aber Mama hatte an alles gedacht: Sie nahm vom Züchter gleich zwei weiche kuschelige Schlafkissen mit. Eines davon wurde im Schlafzimmer auf das Nachtkästchen neben Mamas Bett gelegt. Da kam ich rein. Nachts konnte ich dann Mamas Hand spüren, wie sie mich streichelte und ganz lieb zu mir sprach. Ich bedankte mich, indem ich ihre Hand schleckte, und schlief beruhigt ein.

Mit einem kurzen Schwanzwedeln

kann ein Hund mehr Gefühle

ausdrücken als mancher Mensch

mit stundenlangem Gerede.

LOUIS ARMSTRONG

Am nächsten Morgen begrüßte mich auch Papa ganz herzlich. Er ist ein sehr feiner liebevoller Papa, gar nicht streng mit mir! Ich glaube, soweit ich es jetzt schon beurteilen kann, wird Mama viel strenger sein. Sie erwartet von mir Sauberkeit, Pünktlichkeit und Folgsamkeit.

Mit Papa ist das viel einfacher:
Ich muss ihm nur schöne Äuglein machen und mich auf den Rücken legen (damit er mich am Bauch kraulen kann), und schon schmilzt er dahin …

Ich bekam wieder das gewohnte Fressen, nur in schönen neuen Schälchen.
Dann ging ich auf Erkundungstour: Das Grundstück ist recht groß. Im Norden und Westen reicht es bis zur Straße, umgeben von einer dichten Thuja-Hecke, durch die ich mein Revier nicht verlassen kann. Im Süden befinden sich drei kleinere Häuser und ein großes Haus neben unserem Garten.

Wie sieht es bei den Nachbarn aus?

KAPITEL DREI

Die Nachbarschaft

Im großen Nachbarhaus lebt *Minka,* eine Katze. Sie ist größer als ich, schlank und grau mit weißen Pfötchen und trägt ein Glöckchen am Hals. Sie kommt immer in meinen Garten, um Fische aus dem Teich zu fangen. So was mag ich nicht! Was hat die hier zu suchen? Es ist doch nicht ihr Revier.

Außerdem macht sie immer wieder ein sehr stinkendes Kacka!!! Na bitte sehr! Ist das ein Benehmen von einem vornehmen Tier? Deshalb hasse ich sie und jage sie, wo ich nur kann.

Es ist jeden Tag das gleiche Spiel. Sie hat schon gehörige Angst vor mir. Wie mich das freut, bin ja doch ein gutes Wachhündchen! Mama lobt mich dafür. Die Bezeichnung Wachhündchen ge-fällt mir, habe aber auch schon gehört, dass mich Spötter einen Bonsai-Kampfhund nennen.

Aber ehrlich gesagt, ein Kampfhund bin ich nicht. Ich beiße nicht einmal meinen Spöttern in die Waden!

Auf der Ostseite gibt es ein größeres Haus. Da lebt *Billy,* ein ganz schwarzer großer Hund. Es heißt, er sei ein Zwergschnauzer, habe aber keinen Schnauzbart gesehen. Entweder wächst er noch oder *Billy* ist nicht echt – vielleicht nur eine Promenadenmischung.

Ich fand heraus, dass einem

in tiefem Kummer von der stillen

hingebungsvollen Kameradschaft

eines Hundes Kräfte zufließen,

die einem keine andere

Quelle spendet.

DORIS DAY

Billy, der Große, ist ein großer Feigling. Wenn er mich nur sieht, wie ich bellend auf ihn zulaufe, zieht er sofort den Schwanz ein und haut ab zu seiner Mami.

Das also ist die Nachbarschaft, konnte alles von der Terrasse aus gut beobachten. Der Garten ist sehr schön gepflegt – Papas Hobby.

Auffällig ist ein mächtiger Stein. Da kommt Wasser heraus und rinnt dann in einem kleinen Bächlein unter einer Brücke hindurch in den Teich, wo es Seerosen und Goldfische gibt.

Der Garten bereitet mir viel Freude.

Ich kann dort Löcher buddeln (auch wenn Papa manchmal schimpft), Pipi machen, wohin ich will, und ebenso Kacka. Ich kann Schmetterlinge jagen und meine Leckerlis verstecken.

In den Garten muss ich nicht laufen. Nein, es gibt einen Fahrstuhl mit ganz viel Glas, der mich hinunterbringt. Ich sage euch: Es ist eine Wucht, da oben zu stehen. Man sieht die Welt mit ganz anderen Augen. Plötzlich ist man groß und mächtig.

Mit diesem Fahrstuhl fahre ich sehr gerne, muss auch öfters runter – wegen Pipi und so. Ich versuche aber, immer öfter Mama und Papa auszutricksen und weigere mich, gleich wieder hochzufahren. Dann lassen sie mich im Garten zurück (aus Strafe – glauben sie). Doch ich habe gewonnen und stöbere im Garten herum. Meist halte ich Ausschau nach *Minka*. Wenn ich

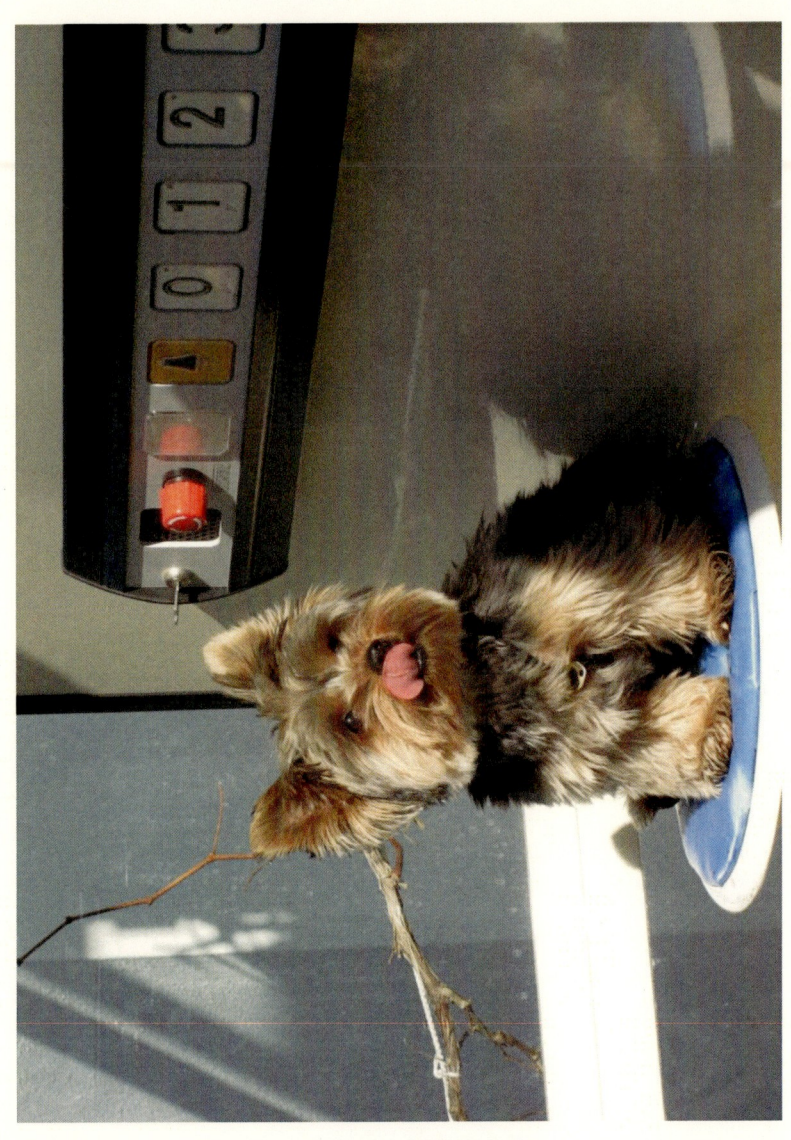

Trixi als Fahrstuhlführerin.

die erwische, beiße ich ihr den Schwanz ab – als Lehre dafür, dass man meinen Boden nicht besudelt.

Wenn ich dann genug habe, setze ich mich neben den Aufzug und belle kurz.

Ich wäre ja gerne selbständiger, aber so muss ich bellen, um auf mich aufmerksam zu machen. Einer wird dann schon kommen und mit mir nach oben fahren.

Die Fahrt ist jedes Mal ein Vergnügen.

Deshalb schummele ich auch manchmal und täusche einen Pipidrang vor.

Wir schenken unseren Hunden

ein klein wenig Liebe und Zeit.

Dafür schenken sie uns restlos

alles, was sie zu bieten haben.

Es ist zweifellos das beste

Geschäft, was der Mensch

je gemacht hat.

ROGER CARAS

KAPITEL VIER

Der Ernst des Lebens

Dann begann der Ernst des Lebens.
Uns besuchte eine nette junge Frau und stellte sich als
meine Lehrerin vor. Sie kam in einem kleinen Auto,
das aussieht wie ein riesiger Schuh, mit einem großen
Hund als Aufkleber. Übrigens sind diese Autos gar
nicht schlecht. Mama fährt auch so ein smartes Ding,
und ich hoffe, bald vorne sitzen zu dürfen.

Die Lehrerin klärte Mama über Erziehungsmetho-
den, Ernährung sowie Umgang mit anderen Menschen und Hunden auf. Ich bekam gleich eine vier
Meter lange Leine, mit der geübt werden sollte. Die
Lehrerin ist sehr streng, was mir nicht immer gefällt.

Am meisten bin ich auf sie böse, weil sie Mama eine
Waffe gegen mich mitgebracht hat. Es ist eine alte
Socke, die kleine Metallgegenstände enthält. Wenn sie
auf den Boden geworfen wird, gibt es furchtbare Geräusche, die meine kleinen Öhrchen nicht ertragen.
Dann ziehe ich ängstlich den Schwanz ein und tue
alles, was man von mir verlangt. Ich höre sogar auf zu
bellen, wenn Nachbarn einen Fensterrollladen herun-
terlassen, dessen Geräusche ich nicht ausstehen kann.
Was Menschen sich doch alles einfallen lassen, um ein
kleines Hundi wie mich zu tadeln.

Auf Papas Fensterbank kann ich viel beobachten.

Hoffentlich hat die Lehrerin nicht noch mehr von diesen Tricks auf Lager und gibt sie etwa noch meiner Mama preis.

Eines Tages trafen wir uns mit anderen Hunden zum Üben in einer Parkanlage. Dabei war ich die Kleinste. Der Größte war ein türkischer Hirtenhund. Dieser Kangal mit seiner kraftvollen Gestalt kam mir vor wie ein Riese. Groß erschien mir auch noch der deutsche Schäferhund, ein Rüde, mit seinen schönen langen Haaren. Bei dem lustigen Chow-Chow wusste ich nie, wo vorne und hinten ist.

Nachdem wir uns in der Parkanlage ganz ordentlich benommen hatten, wagte sich die Hundelehrerin mit uns in die Fußgängerzone zur Hauptgeschäftszeit. Wir sollten lernen, uns zu benehmen, nach vorne zu schauen und uns von der Umgebung nicht beeinflussen zu lassen.

Der Kangal, fast doppelt so groß wie der Schäferhund, erregte enormes Aufsehen. Viele Leute blieben stehen und bewunderten ihn, besonders türkische Landsleute.
Aber auch ich fand Aufmerksamkeit, weil ich so klein und niedlich bin. Immer wieder hörte ich: „Schau, die Kleine … Ach, wie süß dieses Gesichtchen … Einfach goldig!" Kleine Kinder wollten mich unbedingt streicheln und eine junge Dame gern in den Arm nehmen.

Wenn der Hund dabei ist,

werden die Menschen

gleich menschlicher.

HUBERT RIES

Mein Selbstwertgefühl stieg gewaltig!

Zu Hause gestand ich dann Mama, dass mir die Schule keinen Spaß mache. Bis heute weiß ich nicht genau, was das Wort „Komm!" bedeutet.
Mama meinte, Schule müsse sein, ich solle mich nur anstrengen. Ihr sei es seinerzeit auch so ergangen, und trotzdem sei aus ihr etwas geworden.

Kein Preis ohne Fleiß!

Verschnaufpause in unserem Garten
mit meinem Bruder *Puma*.

KAPITEL FÜNF

Unverhoffter Besuch

Eines Tages sagte Mama: „*Trixi*, wir bekommen Besuch!" Schnell wurde ein Kuchen gebacken und auf der Terrasse Tisch gedeckt. Ich wurde schön gemacht, d.h. Äuglein gesäubert (damit ich auch gut sehen kann), Fell gebürstet und Öhrchen geputzt. Ich war sehr neugierig, wer da kommen mag, und zugleich gespannt. Wir warteten unten im Garten.

Etwas verspätet kam eine junge Frau mit einem Hund. Ich kläffte ihn an, denn ich muss ja mein Revier verteidigen. Er kläffte zurück, schließlich kamen sie herein. Wir beschnupperten uns ausgiebig, und der Geruch kam mir irgendwie bekannt vor. Er erinnerte mich an mein altes Rudel! Ich sah mir den Eindringling noch mal genau an, und plötzlich fiel es mir wie Schuppen von den Augen:
Vor mir stand mein Bruder *Tommy*.

Ihm ging es genau so, wir liebkosten uns und los ging's im Garten. Wir tobten wie früher, als wir noch ganz klein waren. Es war einfach traumhaft.
Dabei erzählte mir *Tommy*, er hieße jetzt *Puma*, weil sein neues Rudel das so wollte. Ihm ginge es bestens, und er fühle sich in seiner neuen Umgebung sehr wohl.

Dass mir der Hund das Liebste sei,

sagst du oh Mensch sei Sünde.

Der Hund blieb mir im Sturme treu,

der Mensch nicht mal im Winde.

FRANZ VON ASSISI

Plötzlich entdeckte er unseren Gartenteich, und eh ich mich versah, war *Puma* zwischen den Seerosen verschwunden.
Mich packte das bloße Entsetzen, denn ich bin sehr wasserscheu! Was sollte ich nur tun?

Ich wagte mich bis zum Nabel ins Wasser. Brrrr … war das kalt! Ich hatte ernste Sorgen um *Puma*.

Muss er jetzt ertrinken, wenn keine Hilfe kommt? Seine Mami stand am Ufer und lachte.

Plötzlich sprang *Puma* aus dem Teich, pudelnass, und sah aus wie eine große Ratte, gar nicht wie mein geliebter *Tommy*.

Wir tobten weiter durch den Garten, bis dann seine Mami sagte, sie müssten heim. Wir verabschiedeten uns mit herzhaften Küsschen und versprachen, uns bald wieder zu treffen.

Papa korrigiert, was Mama über mich schreibt.

KAPITEL SECHS

Oldie Party

Es ging aufs Wochenende zu und es herrschte Unruhe im Hause. Nebenbei bekam ich mit, dass eine Feier bevorstand. Was es genau sein sollte, konnte ich mir unter Oldie Party nicht vorstellen.
Wie sich dann herausstellte, waren es alles Leute älteren Semesters, mit kleinen Ausnahmen wie mich zum Beispiel.

Die Party fand auf einem Bauernhof in der Nähe statt. Es war alles sehr festlich. Schön geschmückt und gutes Essen – Spanferkel!

Armes kleines Ferkel, hoffentlich kommt niemand auf den Gedanken, auch mich mal zu grillen. Deshalb blieb ich lieber auf Mamas Schoß. Sicher ist sicher! Schließlich wanderte ich von Schoß zu Schoß wie ein Schoßhündchen, das ich gar nicht bin.

Ich muss gestehen, ich habe mich sogar daneben benommen und mitten im Saal Pipi gemacht. Aber zum Glück war *Vlad* in Sicht und hat alles bereinigt, ohne dass es jemand bemerkte.

Das Fest war sehr gelungen, wie es danach hieß. Es gab Ansprachen, Musik, Tanz und auch Geschenke.

Was Anstand, Feinfühligkeit,

Treue und Sensibilität anbelangt,

kann der Mensch vom Hund nur

lernen!

STEFAN WITTLEIN

Sehr spät kamen wir nach Hause, und ich war einfach erledigt: So viele neue Gesichter, Gerüche, Schöße und laute Geräusche.
Aber ich durfte ja am nächsten Tag ausschlafen.

Und zum Glück gibt es nicht so oft eine Oldie Party!

Guten Morgen, liebe Sorgen!

KAPITEL SIEBEN

Eine weite Reise

Jetzt kamen ein paar geruhsame Tage. Ich wartete jeden Tag gespannt auf meinen Spielkameraden *Vlad*, bis er aus der Schule kam. Oft tobten wir so laut, dass Mama schimpfte. Dann zog ich den Schwanz ein und zeigte Reue, aber meistens nicht lange.

Der Postträger, ein sehr netter Mann, der mich immer freundlich begrüßt, brachte ein Paket. Er meinte, es sei für mich. Ich war sehr neugierig.
Mama packte eine große schwarze Tasche aus, sehr elegant in Schlangenlederimitat mit lauter Riemen und Löchern. Sie sagte, dies sei nun meine neue Reisetasche.
Ich ahnte nichts Gutes!
Schon wieder was Neues!

Wie vermutet, stand eine Reise bevor. Mit dem Auto, aber dem großen. Wie ich vernahm, würden wir bei dieser weiten Reise in einem Hotel übernachten.
Was soll das denn sein?
Und zwar ginge die Reise nach Trier, um Tante *Peppy* zu besuchen und mich als neues Rudelmitglied vorzustellen.
Es schien alles sehr kompliziert. Mal abwarten!

Die Treue eines Hundes ist ein
kostbares Geschenk, das nicht
minder bindende moralische
Verpflichtungen auferlegt als
die Freundschaft
eines Menschen.

KONRAD LORENZ

Die schöne neue Tasche hatte ich schon ausprobiert. Man lag ganz bequem in ihr auf einem weichen Handtuch, welches Mama extra für mich hineinlegte. Darin zu kuscheln, fand ich ganz nett.

Als ich gerade wieder mal in der Tasche kuscheln wollte, geschah es, als ob Mama nur darauf gewartet hätte! Schwupp ... wurde der Reißverschluss geschlossen und ich saß im Nest fest.

Ehe ich mich wehren konnte, war ich auch schon im großen Auto auf dem Rücksitz. Und los ging es.

Es gefiel mir überhaupt nicht. Es war dunkel und eng, und lauter komische Geräusche gab es auch.
Ich fing gleich an zu jammern, zu bellen und zu jaulen. Die ganze Zeit im Auto musste ich hecheln und am ganzen Körper zittern.
Wenigstens musste ich nicht spucken!
Mama und Papa versuchten mich zu beruhigen, zunächst mit lieben Worten, dann mit strengem Ton. Es nützte nichts, ich wurde immer lauter.

Plötzlich flog die grausame Socke gegen die Tasche. Ich erschrak derart, dass ich das Bellen vergaß. Da gab es kurze Zeit Ruhe. Aber nur, bis ich mich vom Schreck erholt hatte, dann fing ich erneut an zu jaulen.

Zum Glück kam jetzt die Pipipause für alle. Ich wurde herausgelassen und durfte an der Leine spazieren, bis ich soweit war. Dann ging es weiter. Diesmal durfte ich auf dem Hintersitz bleiben, neben meiner Tasche und zwei Kissen.

Ich probiere die Reisetasche aus.

Es war eindeutig besser, aber nicht optimal. Jedoch machte es mir Spaß, auf Mamas Rücken zu klettern, um mich hinter die Nackenstütze zu legen. So konnte ich Mama ganz nah spüren, was sie jedoch weniger vergnüglich fand.

Nach der nächsten Pipipause mussten wir noch zwei Stunden fahren. Bis Trier ist es nämlich sehr weit. Ich hoffte, bald am Ziel zu sein …
Nach sechs Stunden Fahrt waren wir am Ziel.

Im Hotel bezogen wir ein schönes großes Zimmer und siehe da, an mich hatte man auch gedacht: Da standen auf einer Matte zwei Fressnäpfe aus Edelstahl, und es gab sogar ein ganz großes Leckerli! Es schmeckte vorzüglich, aber leider war es nur eines.

Dann fuhren wir weiter zur Tante *Peppy*.
Ich war sehr neugierig, für wen wir so weit gereist sind. Sie wohnt nicht weit vom Hotel in einem Hochhaus, provisorisch, bis ihre neue Wohnung fertig ist. Man erwartete uns schon. Wir wurden sehr herzlich begrüßt, und ich wurde bestaunt und liebkost.
Ich fand Tante *Peppy* sehr lieb und bewunderte ihr gutes und gepflegtes Aussehen. Wir waren uns gleich sympathisch. Es wurde gegessen und getrunken und viel erzählt, auch über mich. Ich bekam viele Leckerlis, von denen ich die meisten fachmännisch versteckte.

„Haben Tiere eine Seele und

Gefühle" kann nur fragen,

wer über keine der beiden

Eigenschaften verfügt.

EUGEN DREWERMANN

Während die Erwachsenen Kaffee tranken, guckte ich mich in der Wohnung ein wenig um. Da standen auf dem Balkon mehrere kleine Plastiktöpfe, in welchen lauter verwelkte Blumen waren. Na so was! Da muss Ordnung rein.

Ich machte mich sogleich an die Arbeit. Zunächst die Töpfchen entleert, dann trennte ich sorgfältig die Wurzeln von der Erde und legte alles auf den Fußboden fein säuberlich hin. Mit den kleinen leeren Töpfen konnte ich nun nach Herzenslust spielen.

Aber nur so lange, bis meine Aufräumaktion bemerkte wurde. Mama ließ einen Schrei los, aber Tante *Peppy* schmunzelte nur und meinte, es sei nichts Schlimmes geschehen.

Danach lachten alle über meine Aktion, und das Spiel war aus.

Sehr spät kehrten wir zum Hotel zurück. Mama ging noch mal mit mir raus, aber ich konnte nicht! Diese vielen Autos vor dem Hotel, ganz fremde Gerüche, kein Pipirasen und grelle Reklamelichter. So mussten wir um zwei Uhr nachts unverrichteter Dinge ins Zimmer zurück. Mama war gar nicht begeistert.

Am nächsten Morgen, als ich Mama und Papa im Bett begrüßen wollte, geschah es … ohne Absicht machte ich Pipi ins Bett! Nun konnten Mama und Papa waschen und föhnen, bis nichts mehr zu sehen war.

Tante *Peppy* liebkost mich.

Nach dem Frühstück im Hotel, wobei ich mich vorzüglich benahm, ging es los nach Hause. Diesmal saß Mama mit mir auf dem Rücksitz. So konnte sie mit mir sprechen und mich streicheln, damit ich mich ruhig verhielt.

Nach zwei Stunden machten wir halt an einer Tankstelle. Papa ging zur Kasse und verlangte ein Leckerli für mich, Mama spazierte mit mir an der Leine im Laden umher. Der Verkäufer, ein sehr netter Mann, ging sogleich nach dem Gewünschten suchen.
Da geschah es!!! Plötzlich sah ich voller Schreck hinter mir ein grooooßes Würstchen liegen.
Mama erstarrte vor Entsetzen und holte sofort ein Tempotaschentuch heraus, aber der liebe Verkäufer war schneller. Er kam ihr zuvor und wischte alles weg, lachte dabei und meinte, so was sei nicht schlimm.
Und das Leckerli bekam ich trotzdem!

Sodann ging die Fahrt weiter ohne Zwischenfälle, und alle waren froh, wieder zu Hause zu sein.
Der Alltag hatte uns wieder.

Ich fürchte, die Tiere betrachten

den Menschen als ein Wesen

Ihresgleichen, das in höchst

gefährlicher Weise den gesunden

Menschenverstand verloren hat.

FRIEDRICH NIETZSCHE

KAPITEL ACHT

Bei der Tierärztin

Eines Tages ging es mir bereits am frühen Morgen nicht so gut. Ich dachte, es wird schon werden. Aber ich irrte mich gewaltig. Mir war einfach übel.

Ich ließ mir natürlich nichts anmerken, bin ja kein Feigling! Aber abends allein in meinem Kuschelkörbchen bekam ich Angst. Ich fing an zu jammern und versuchte, ins Bett zu Mama und Papa zu gelangen, hatte aber keinen Erfolg.

Mama schimpfte mit mir. Sie konnte ja nicht ahnen, dass es mir so schlecht ging. Da sollte man schon sprechen können. Nicht immer, aber eben für solche Notfälle.

Nach meinem Gejaule packte mich Mama kurzerhand und ich wurde ins Bad verfrachtet, samt meinem Körbchen. Türe zu, ein Notlicht brannte, Mama und Papa hatten ihre Ruhe. Mir ging es elend und niemand erbarmte sich meiner.

Morgens, als Mama mich aus dem Bad holte, ging es einfach los.

Ich spuckte und spuckte auf all die schönen Teppiche! Da erschrak sie sehr und hatte ein ganz schlechtes Gewissen wegen der vergangenen Nacht.

51

Heute fühle ich mich nicht sehr wohl.

Ehe ich mich versah, hat Mama mich geschnappt, in ein Handtuch gepackt und lief mit mir los.

Oh weh! Ich ahnte schon, wohin der Weg geht, aber egal, Hauptsache mir wird geholfen.
Die Ärztin hat die Praxis bloß um die Ecke. Sie kennt mich gut und mag mich sehr! So was spürt man. Sie nennt mich *Kleinchen.*

Erst untersuchte sie mich, dann wurde Fieber gemessen. Untertemperatur hieß es, was bei kleinen Hunden sehr schlecht sei. Außerdem hätte ich kleines Wesen keine Reserven. Es bestehe Lebensgefahr! Sie sah Mama ernst an, sie sprachen irgendwas. Mama nickte. Ich ahnte nichts Gutes.

Jetzt kam die Ärztin mit einer großen Nadel an. Ich wurde gepiekst, und es wurde Blut abgenommen.
Dann bekam ich eine Dauernadel verpasst, was sehr wehtat. Mama musste mich im Arm halten, bis eine Flüssigkeit aus einem komischen Beutel in meine kleine Pfote floss.
Schließlich noch zwei Spritzen in den Po, und Mama konnte mich nach Hause tragen. Ihr war es zum Heulen zu Mute, ich habe das deutlich gesehen.
Die darauf folgenden drei Tage musste mich Mama zweimal täglich zur Infusion bringen. Es ging mir dann auch gleich besser, durfte aber nur Diät essen.
Die Worte Infusion, Antibiotika, Medikamente … fand ich furchtbar.

Ich habe große Achtung vor der Menschenkenntnis meines Hundes, er ist schneller und gründlicher als ich.

Otto von Bismarck

Zu meinem Trost meinte die Tierärztin, ein so braves Hundi habe sie noch nicht erlebt.

Das will doch was heißen! Hoffentlich muss ich nicht so bald wieder hin. Bin ja ganz gesund und munter!

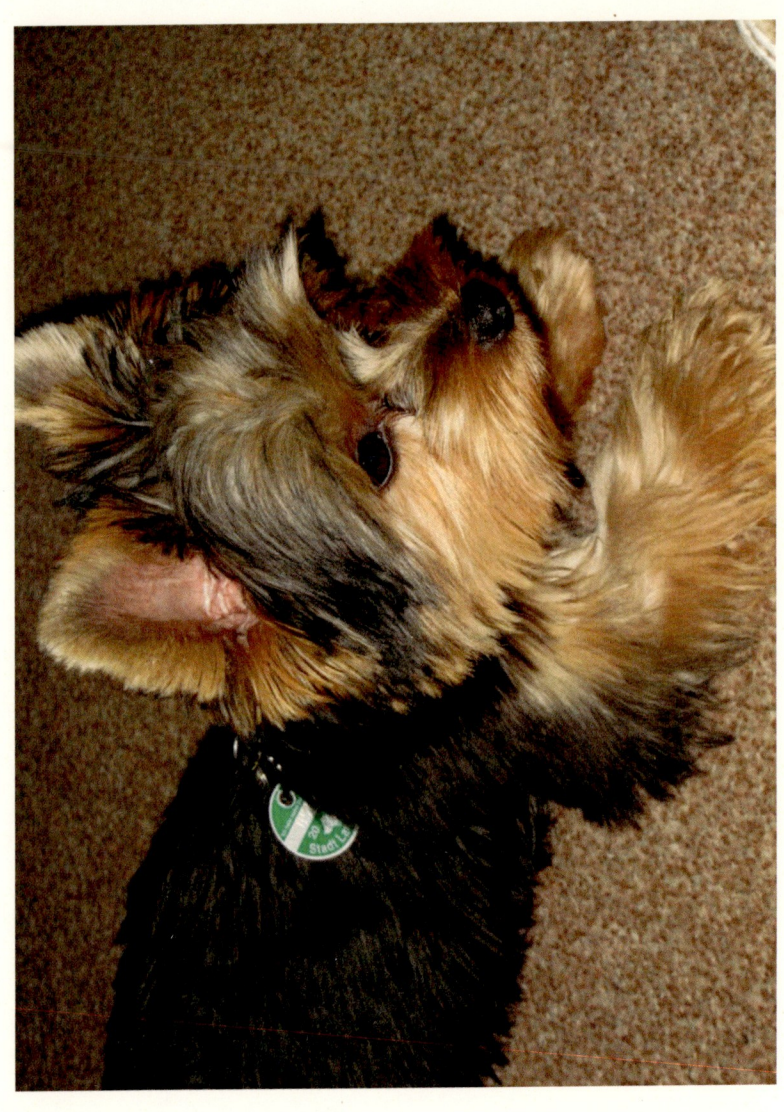

Ich erhole mich nach der Krankheit.

KAPITEL NEUN

Sommer

Aber etwas Gutes hatte meine Erkrankung doch gehabt. Ab sofort durfte ich im Bett bei Mama und Papa schlafen. Papa meinte wegen der Rekonvaleszenz. Klingt blöd, tut mir aber gut! Es war himmlisch in dem großen Bett mit schöner Bettwäsche! So kam ich mir richtig vornehm vor.

Die Zeit verging, es wurde Sommer. Unser Garten erblühte in voller Pracht. Blumen überall, viele Rosenstöcke und sogar ein großer Rosenbogen, welcher ein hübsches Mädchen (aus Stein) umrahmt.
Ich traute meinen Äuglein nicht: Da stand auch ein völlig nackiger Mann umrahmt von Klematis. Das hätte ich Mama nicht zugetraut. Sie meinte nur: „*Trixi*, das ist *David*." Also musste ich annehmen, dass auch dieses Steingebilde zu uns gehört.

Papa arbeitet viel im Garten, während ich dort herumfege in der Hoffnung, einen Goldfisch aus dem Teich oder einen Vogel zu erwischen. Bin ich dann müde und erfolglos, gehe ich zu Papa und springe mit meinen Vorderpfötchen hoch auf seine Knie, was so viel heißen soll wie "Papa, Arm!"

Hunde haben alle guten

Eigenschaften der Menschen,

ohne gleichzeitig ihre Fehler

zu haben.

FRIEDRICH DER GROSSE

Dann nimmt mich Papa hoch und wiegt mich im Arm wie ein Baby. Das tut gut und ist sooo wohlig. Sofort verspüre ich neue Kraft und die Jagd kann weitergehen. Diese Vögel sind aber auch verdammt schnell, wahrscheinlich weil Papa sie so gut füttert.

Abends bei Dunkelheit suche ich dann nach meinem besonderen Freund, dem Igel. Er versteckt sich meistens irgendwo im Garten. Mit meiner guten Nase spüre ich ihn aber bald auf. Dann beginnt er sofort, komische Geräusche von sich zu geben, die ich nicht genau verstehen kann. Auf jeden Fall scheint mein Besuch ihn nicht zu erfreuen!

So soll es auch sein. Er hat schließlich in meinem Revier nichts zu suchen.

Hier bin ich der Boss. Basta!

Blick in den Garten von der Liege aus.

KAPITEL ZEHN

Ich bin zu beneiden

Mein Freund der ersten Stunde ist *Vlad,* ein kleiner hübscher Junge, der bei uns im Haus wohnt. Er war dabei, als mich Mama zum ersten Mal sah. Er ist ein richtiger Kumpel. Mit ihm kann ich wunderbar herumtoben und spielen. Am liebsten spiele ich mit ihm Verstecken. Es macht riesig Spaß. Ich darf ihn sogar nach Herzenslust abschlecken!

Ich spüre genau, wenn er aus der Schule kommt. Es gibt jedes Mal eine stürmische Begrüßung.

Eines Tages sagte er zu Mama: „Ich möchte gern ein Hund sein."
Mama meinte: „Was, du willst ein Hund sein?"
Worauf er antwortete: „Ich möchte nicht *ein* Hund sein, sondern *ihr* Hund!"

Er hat vollkommen recht. Mir geht es einfach wunderbar. Papa kauft mir des Öfteren Hähnchenhälse, Herzchen oder Ochsenschwanzknochen.
Diese Knochen sind besonders lecker und gesund für meine Zähnchen. Lauter Leckerlis. Mit einem Wort: Ich bin zu beneiden!

Jeden Morgen nimmt sich Mama viel Zeit, um mich „schönili zu machen", d.h., ich werde gepflegt.

Mensch und Hund ergänzen sich

Hundert- und tausendfach.

Mensch und Hund sind die

Treuesten aller Genossen.

ALFRED BREHM

Äuglein und Ohren werden mit einer speziellen Flüssigkeit gewischt und dann mein Fell mit Kamm und Bürste geglättet, damit es schön glänzt.

Etwa alle sechs Wochen muss ich zum Friseur. Das ist immer interessant, denn der Hundesalon gehört Onkel *Jörg*, meinem Züchter und Geburtshelfer. Als ich das erste Mal hinkam, roch mir alles irgendwie bekannt. Sobald ich Onkel *Jörg* sah, war ich gespannt, was passieren würde.

Als Erstes kommt man in den Warteraum, in dem es ein großes Regal mit vielen Fächern gibt. Da sitzen überall lauter Yorkies und warten brav, bis sie an der Reihe sind. Ich auch. Zunächst wird man von Tante *Claudia* gebadet. Sodann schneidet Onkel *Jörg* die Haare. Jeder erhält seinen eigenen Schnitt, damit wir alle schön aussehen, aber jeder anders.
Schließlich werden wir geföhnt. Schon warten Frauchen, Herrchen oder beide auf ihr frisch gestyltes Hundi. So auch bei mir. Mama und Papa holen mich ab und freuen sich, wie schick ich aussehe.

Ich bin dann richtig stolz auf mich!

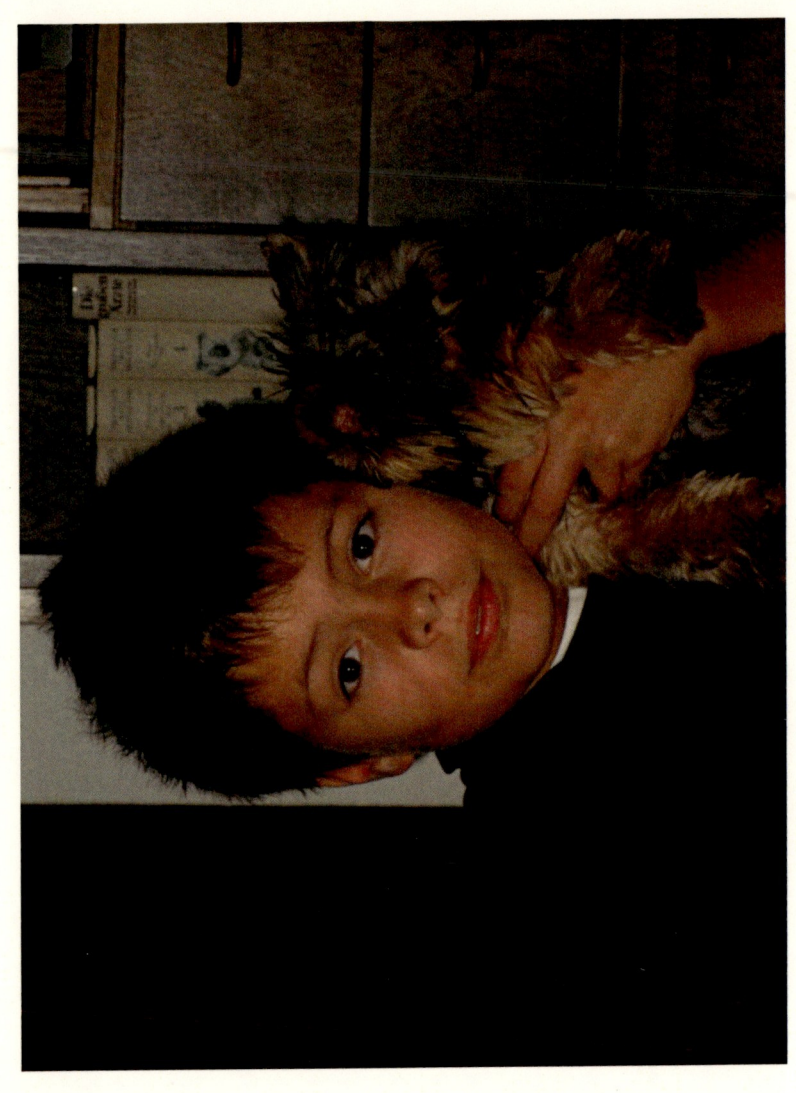

Vlad, mein Freund der ersten Stunde.

Der Hund ist der sechste Sinn

des Menschen.

CHRISTIAN FRIEDRICH HEBBEL

Im ersten Schnee:
Trixi auf der Brücke und *David* im Hintergrund.

KAPITEL ELF

Der erste Schnee

Es wurde kälter.

Die Blumen im Garten waren verblüht. Die Rosen wurden mit Vlies eingebunden. Es war irgendwie traurig, aber trotzdem wurde alles geschmückt, vor dem und im Haus. Bei der Kälte mochte ich nicht mehr so gerne hinaus.

Eines Tages war plötzlich alles weiß. Dieses weiße Etwas war sehr kalt, schmeckte aber gut. Meine Zähnchen taten davon weh, meine Pfötchen auch.

Mama sagte: „*Trixi,* das ist Schnee!"

Es war schön, aber gewöhnungsbedürftig.

Anfangs lief ich nach Möglichkeit auf den Steinen, wo kein Schnee lag. Als er aber mehr wurde, getraute ich mich in den tiefen Schnee, bis mir meine Pfötchen wehtaten und ich richtige Eisbollen daran hatte.

Papa sorgte für Abhilfe. Er wusch mir die Pfötchen mit warmem Wasser ab und rieb sie trocken.

Mama hatte dann eine noch bessere Idee. Sie legte große Handtücher auf die Heizung, damit sie sich gut aufwärmen.

Kam ich dann durchgefroren hoch, wurden schnell die Eisbollen abgewaschen, und danach wurde ich in die warmen Tücher gelegt und abgetrocknet – wie in einem Wellness-Hotel.

Eine Wohltat, sag ich euch. Oft muss ich denken: „Es geht mir verdammt gut!"

Eines Morgens kam unser netter Postbote und sagte zu mir, als ich ihn begrüßte: „*Trixi,* ein Päckchen für dich!"

Ei, was mag das sein?

Mama öffnete es.

Darin lag ein kleines süßes Höschen in Hellbraun mit rosafarbigem Aufdruck „Sweet Angel" und einem rosa Schleifchen. Am nächsten Tag kaufte Mama dann noch ein Tangahöschen mit Einlagen. Was soll das? Mama klärte mich auf. Ich werde nun bald ein Fräulein sein, kein Welpe mehr. Ich würde demnächst Blutungen bekommen, und dazu seien die Höschen gedacht. Aha, so ist das.

Nun wurde es immer früher dunkel. Ich konnte gar nicht mehr so lange draußen bleiben. Überall an den Fenstern und in den Wohnungen brannten Lichter. Es wurde gebacken und geschmückt, und alle Leute taten sehr beschäftigt. Auch Mama schmückte die Wohnung, aber nur wenig, dafür bügelte und putzte sie umso mehr.

Ich verstand gar nichts mehr.

Mama sagte: „*Trixilein,* bald ist Weihnachten, ein großer Feiertag. Da gibt es in jedem Haus einen mit vielen Lichtern geschmückten Tannenbaum, leckeres Essen und gute Getränke.

Die Menschen feiern die Geburt eines ungewöhn-
lichen Babys vor zweitausendundzehn Jahren.
Und brave Kinder und Hundis bekommen Geschenke."

Wer nie einen Hund gehabt hat,

weiß nicht, was Lieben und

Geliebtwerden heißt.

ARTHUR SCHOPENHAUER

KAPITEL ZWÖLF

Zurück zur Verwandtschaft

Eines Tages holte Mama zwei große Koffer hervor und fing an zu packen. Ich wunderte mich.

Abends fuhren wir dann zu Onkel *Jörg*, der sich sehr freute. Auch *Owen*, mein Stiefbruder, ein ziemlicher Macho, empfing mich sehr liebevoll. Es wurde geredet und Kaffee getrunken. Ich spielte mit *Owen* und noch zwei anderen Hunden. Danach verabschiedeten sich Mama und Papa von Onkel *Jörg*.

Er nahm mich zärtlich auf den Arm und ging mit hinaus. Mama und Papa stiegen ins Auto. Ich verspürte gar keine Lust, ihnen zu folgen. So im Arm war es viel kuscheliger. Das Auto fuhr davon, ich konnte nur noch Mama erkennen, die zurückblickte, winkte und Tränen in den Augen hatte.

Der weitere Abend war lustig und interessant. Auch die beiden Jungs von Onkel *Jörg* spielten mit mir. Schließlich wurde ich in mein Körbchen gelegt. Das kam mir recht verdächtig vor.
Hatte Mama es mitgebracht und warum?
Sollte ich nun hier bleiben?
Ich machte mir so meine Sorgen.

Am nächsten Morgen durfte ich meine ganze Verwandtschaft begrüßen.

Meine Spielkameraden — lauter kleine Yorkies.

Auch meine leibliche Mutter war da. Sie war überrascht über mein gepflegtes und hübsches Aussehen. Ich erzählte, was ich alles erlebt habe, und alle staunten und bewunderten mich.

Aber innerlich fühlte ich mich sehr, sehr traurig.
Warum haben Mama und Papa mich hergebracht?
War ich nicht artig?
(Stimmt, das Wort „Komm!" überhöre ich gerne.)
Hat man mich verstoßen?
Bekomme ich etwa schon wieder neue Eltern?

Ich hatte schlaflose Nächte. Tagsüber tollte ich mit den anderen Yorkies herum, aber nachts … nachts musste ich immer weinen.

Je mehr ich von den Menschen

sehe, umso mehr liebe ich Hunde.

FRIEDRICH DER GROSSE

KAPITEL DREIZEHN

Die erste Blutung

Und da geschah es. Plötzlich fing ich an zu bluten, aber richtig stark. Die weiblichen Yorkies klärten mich auf. Jetzt bist du erwachsen, meinten sie.

Ich bekam ein Schutzhöschen mit Einlagen verpasst. Natürlich nicht so ein schönes mit „Sweet Angel", aber egal, es half. Ab sofort durfte ich auch nicht mehr mit *Owen* spielen, der plötzlich großes Interesse an mir fand. Ich wurde verlegt, und zwar auf die Wochenstation.

Anfangs erschrak ich vor lauter Gewusel. Da gab es drei Mamis mit ihren insgesamt neun Welpen. Ich wusste gar nicht, was ich machen sollte. Diese kleinen dunklen Wollknäuel waren so niedlich, aber auch laut und unberechenbar. Dauernd wollten sie an die Zitzen ihrer Mütter, um Milch zu saugen.

Mein Liebling war natürlich die Kleinste von allen, so wie ich es gewesen war. Sie war sehr klein, halb so groß wie ihr Bruder, zart, aber ganz schön pfiffig. Ich habe sie gleich ins Herz geschlossen.
Als die Abstillzeit kam, verpasste die Mutter ihr solch einen Schlag an den Kopf, dass sie eine blutende Wunde bekam.

75

Ich weiß nicht, was mit mir los ist.

Ich nahm mich ihrer an und beschützte sie.
Wir Kleinen müssen doch zusammenhalten!

Die Zeit verging, nun war ich schon drei Wochen da.
Die anderen meinten, in Pension bliebe man meistens
nur vierzehn Tage.
Wieder wurde ich nachdenklich und traurig.
Ich hatte große Sehnsucht nach Mama und Papa.
Liebt man mich nicht mehr?

Erkenne dich selbst!

Nimm die Bewunderung, die dir

dein Hund entgegenbringt,

nicht als Beweis dafür, dass du

ein großartiger Mensch bist.

ANN LANDERS

KAPITEL VIERZEHN

Wieder bei Mama und Papa

Nach vier Wochen nahm eines Morgens Onkel *Jörg* mich und *Xenia*, so heißt mein kleiner Schützling, mit in den Hundesalon. Ich wurde gebadet und schön frisiert. Danach ging Tante *Claudia* mit mir Gassi. Als wir zurückkamen, hatte ich plötzlich ein ganz komisches Gefühl, als ob etwas geschehen würde.
Als die Tür aufging — wer stand da?
Mama und Papa mit Tränen in den Augen.
Ich sprang vor Freude von einem zum anderen, und dann „Papa, Arm!" — da war ich geborgen.

Onkel *Jörg* zeigte ihnen die kleine *Xenia*. Mama nahm sie in den Arm und meinte: „So war *Trixi,* als ich sie das erste Mal sah." Papa hätte sie am liebsten gleich mitgenommen.
Schließlich verabschiedeten wir uns herzlich von meinem kleinen Schützling.

Auf der Straße begegneten wir einem Onkel von mir, *Wuschel.* Sein Frauchen ist eine gute Bekannte von Mama. Durch sie kam sie überhaupt auf den Gedanken, sich ein Yorkie-Hündchen anzuschaffen.

Wuschel ist ein typischer Yorkie-Rüde: selbstbewusst, kräftig mit breitem Rücken, schönem dichten Fell und vielen Haaren auf der Brust.

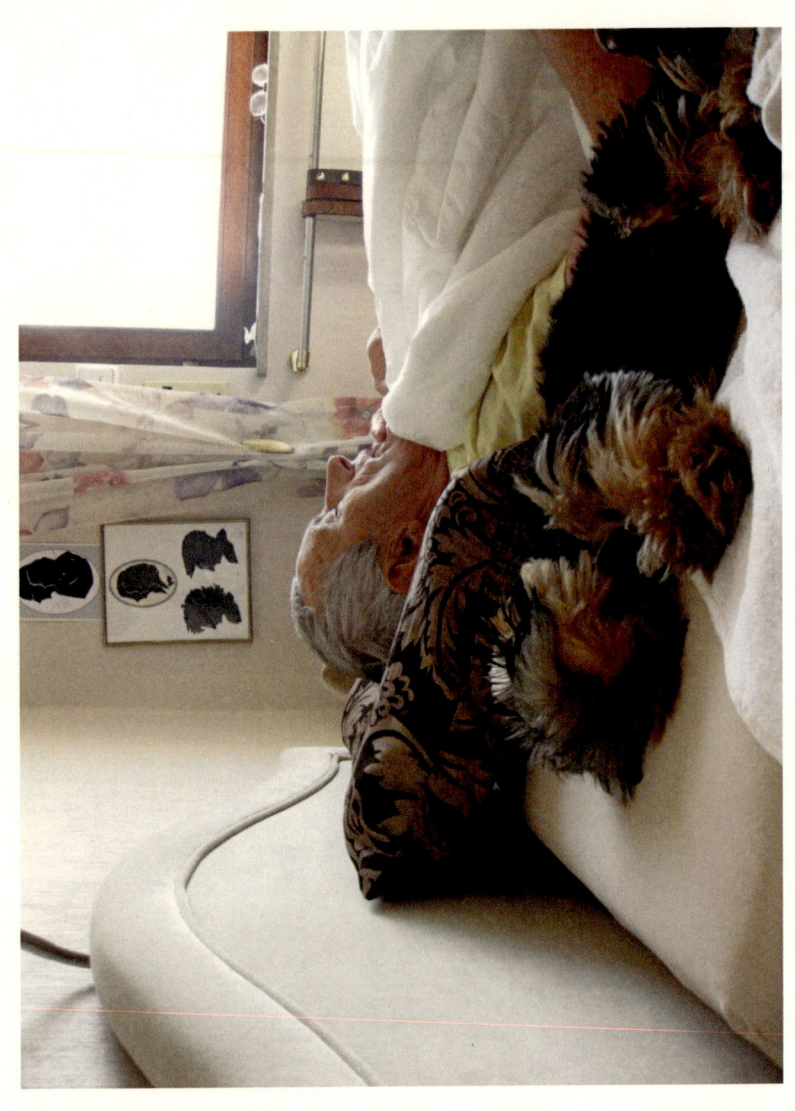

So ist es traumhaft schön.

Er ist schon etwas älter, ein eingefleischter Junggeselle. Er liebt nur sein Frauchen und verteidigt sie mit kräftigen Zähnen. Mich nimmt er gerade noch wahr, mehr auch nicht, obwohl ich ihm immer Respekt erwies.

Sehr glücklich fuhren wir zu dritt heim, wo auf mich zwei Pinguinpuppen und ein Steak warteten. Das Steak hatte Papa im Flugzeug bekommen. Er hatte aber nur die Kartoffeln und die Soße gegessen – das leckere Steak bekam ich!
Ist das nicht ein lieber Papa?

Zu Hause lagen noch die verschlossenen Koffer herum. Ein Zeichen für mich, wie eilig es Mama und Papa hatten, mich abzuholen. Nun erfuhr ich auch, dass sie eine weite Reise gemacht hatten, die noch vor meiner Zeit geplant gewesen sei. Aber die Sehnsucht nach mir hätte das Reisevergnügen sehr beeinträchtigt.

Sobald Mama Zeit hatte, und wir unter uns waren, erzählte sie mir von ihrer Reise. Sie waren mit dem Flugzeug und drei Wochen mit dem Schiff unterwegs. Bis zur Antarktis und ans „Ende der Welt" seien sie gekommen. Auf dem Schiff seien Hundis nicht erlaubt, denn Nichtfolgsame (so wie ich) könnten über Bord fallen und im tiefen kalten Ozean ertrinken.

Es gab viel zu sehen, zum Beispiel Eisberge, Wale und Pinguine.

Ein Leben ohne Hund

ist ein Irrtum.

CARL ZUCKMAYER

Aber sie hätten sich nicht richtig freuen können, denn die Sehnsucht nach mir sei zu groß gewesen.

Mama sagte, sie würden so bald nicht wieder so lange ohne mich verreisen, und wenn, dann nur mit mir. Aua … aber hoffentlich nicht mit dem Auto, da tun mir doch meine Öhrchen so weh!
Ich hoffe, sie finden eine Lösung.

Zur Belohnung, da ich bei Onkel *Jörg* so brav war, darf ich wieder im großen Bett schlafen.
Ich bedanke mich dafür durch Schlecken mit meinem Zünglein. So versuche ich, Mama und Papa zu wecken.
Papa lässt sich abschlecken und schläft einfach weiter.
Mama hingegen will lieber diesem Liebesbeweis entgehen, indem sie früh aufsteht.
Um sechs Uhr darf ich dann draußen Pipi machen.

Tagsüber gehe ich gerne auf Inspektion im Haus umher. Ich muss mich vergewissern, dass alles schön sauber ist und Ordnung im Revier herrscht.
Schließlich muss ich mich ja nützlich machen. Ich will kein faules Hundeleben führen.
Nein, das wäre schrecklich! Ich bin schließlich ein Wachhund, der auch für Ordnung zuständig ist. Jeder Mensch und auch ein Hund braucht eine Lebensaufgabe.
Hoffentlich erfülle ich die Erwartungen von Mama und Papa!

Ist auch alles sauber?

Ich glaube schon … habe ich doch Mama die Freude am Leben wiedergegeben.

Dann und wann vermisse ich *Xenia*, meinen kleinen Liebling. Anfangs habe ich mich auf einen Teppich gesetzt und geheult wie ein junger Wolf, der sein Rudel verloren hat – in der Hoffnung, dass mich *Xenia* hört. Aber leider vergebens. Vielleicht können es Mama und Papa möglich machen, sie einmal wiederzusehen. Es wäre wunderbar!

Auch mit meinem Bruder *Puma* würde ich gerne wieder herumtollen. Eine gemeinsame Geburtstagsparty nächsten Monat wäre toll! Aber wie soll ich Mama das nur beibringen??

Natürlich kann man ohne Hund

leben — es lohnt sich nur nicht.

HEINZ RÜHMANN

Meine Mama ist mir sehr, sehr dankbar,
dass es mich gibt. Seitdem ich da bin,
hat sie keine Depressionen mehr.
Ich hätte nicht gedacht, dass ein
so kleines Wesen - wie ich - so großen
Einfluss auf einen Menschen haben kann.

Darüber hinaus habe ich Mama sogar zum
Schreiben animiert. An so etwas hätte sie
vorher nicht einmal im Traum gedacht.
Ich bin richtig stolz auf mich!

Ein Hund ist Balsam

für die Seele.

WOLFGANG GUST

Frau Dr. med. Birgit Bulau-Gust, geb. 1943, ist Frauenärztin im Ruhestand. Wegen Depressionen musste sie ihre Frauenarztpraxis vorzeitig aufgeben. Sie lebt mit ihrem Mann und Trixi in der Nähe von Ulm.

DANKSAGUNG

Dem Studio Wagner in Westerstetten danke ich für
die Fotos auf dem vorderen und hinteren
Umschlagdeckel, sowie die Porträtaufnahme und
Herrn Meschkowski aus Pfaffenhofen
für das Bild auf Seite 71.

HINWEIS

Dem NOEL-Verlag liegen Tiere und insbesondere
Hunde sehr am Herzen. Deshalb spendet er für jedes
Tierbuch, welches über den Verlag verkauft wird,
25 % des Buchladenpreises
an eine Tierschutzorganisation.